Bibliografische Information der Deutschen Nationalbibliothek:

Die Deutsche Bibliothek verzeichnet diese Publikation in der Deutschen National-
bibliografie; detaillierte bibliografische Daten sind im Internet über http://dnb.d-
nb.de/ abrufbar.

Impressum:

Copyright © 2018 GRIN Verlag
Druck und Bindung: Books on Demand GmbH, Norderstedt Germany
ISBN: 9783346135414

Dieses Buch bei GRIN:

https://www.grin.com/document/538654

Stephanie Krüger

Merkmale und Konzepte des Dienstleistungsmarketings. Einflüsse auf die Dienstleistungserstellung, Kommunikationspolitik und die Idee der Service Dominant Logic

GRIN Verlag

GRIN - Your knowledge has value

Der GRIN Verlag publiziert seit 1998 wissenschaftliche Arbeiten von Studenten, Hochschullehrern und anderen Akademikern als eBook und gedrucktes Buch. Die Verlagswebsite www.grin.com ist die ideale Plattform zur Veröffentlichung von Hausarbeiten, Abschlussarbeiten, wissenschaftlichen Aufsätzen, Dissertationen und Fachbüchern.

Besuchen Sie uns im Internet:

http://www.grin.com/

http://www.facebook.com/grincom

http://www.twitter.com/grin_com

Einsendeaufgabe

Modul: Dienstleistungen und Service Management

Alternative B

Modul: Dienstleistungen und Service Management

Studiengang: Gesundheitsmanagement (B.A.)

Von:

Stephanie Krüger

Inhaltsverzeichnis

Abkürzungsverzeichnis

B1: Beeinflussung der Auslastung einer Dienstleistungserstellung

Zunehmend müssen sich Dienstleister mit Kapazitätsentscheidungen bei der Dienstleistungserstellung auseinander setzten um dem Wachstum in einem umkämpften Markt gerecht zu werden und Kunden zu binden. Der Begriff Kapazität beschreibt dabei den maximalen Output eines Systems in einer bestimmten Periode und unter gegebenen Bedingungen.[1] Bei der Ermittlung der Kapazität ist die zeitliche Dimension von großer Bedeutung und die Bedingungen sollen bei der Messung des „Outputs" den alltäglichen Arbeitsbedingungen entsprechen. Dienstleistungen sind aber immaterieller Art, erzeugen keinen „Output" und können nicht auf Vorrat produziert werden, sondern müssen bei Bedarf zur Verfügung gestellt werden.[2] So werden in einem Krankenhaus z.B. die Anzahl der verfügbaren Betten gezählt, die mit Patienten belegt werden können. Je nach Dienstleister oder auch internem Fachbereich wird die Kapazität unterschiedlich definiert. Beispiele hierfür sind:

- Die Anzahl der verfügbaren Zimmer in einer Pflegeeinrichtung
- Die Anzahl der ausgelieferten Essen eines Lieferservices
- Die Anzahl durchgeführter Operationen pro Tag

Diese Nachfrage von Dienstleistungen unterliegt mehr oder weniger starken Schwankungen, die es durch die Bereitstellung von Kapazitäten auszugleichen gilt. Besteht ein Mangel an Nachfragen, so ist eine volle Auslastung der Kapazitäten nicht möglich, wodurch der Gewinn des Dienstleisters geschmälert wird. Besteht andererseits ein Nachfrageüberschuss, so fehlen Kapazitäten und die Dienstleistung kann unter Umständen nicht erbracht werden, wodurch dem Dienstleister ein Gewinn und evtl. ein Kunde verloren geht.

Um Kapazitäten bei solchen Schwankungen effektiv einsetzen zu können, muss ein Dienstleistungsunternehmen ein Konzept entwickeln, in denen Vorkehrungen getroffen werden um bei steigender Nachfrage agieren zu können und bei sinkender Nachfrage die zur Verfügung stehenden Kapazitäten zu nutzen.

---

[1] Vgl. Haller, S. (2010), S.221, zitiert nach Case et. al. (2007)
[2] Vgl. Evanschitzky (2003), S. 18

Lösungsansätze bieten dabei die strategische sowie die operative Kapazitätsentscheidung. Die strategische oder auch langfristige Kapazitätsentscheidung bezieht sich auf Investitionen z.B. in Bezug auf Gebäude, Räume und Ausrüstungen sowie auf die Personalplanung. Die Entscheidung für eine Investition resultiert aus der kontinuierlich steigenden Nachfrage an einen Dienstleister.[3]

Für die Erbringung von Dienstleistungen sind – aufgrund ihrer Immaterialität und somit Nichtlagerfähigkeit – mittelfristige Kapazitätsentscheidungen allerdings viel entscheidender. Für einen Dienstleister ist es aus betriebswirtschaftlicher Sicht von großem Interesse, die vorhandenen Ressourcen zu nutzen um die schwankenden Nachfragen zum Angebot innerhalb eines bestimmten Zeitraumes (Tag, Woche, Monat) auszugleichen. Dies ist für den Dienstleister eine große Herausforderung, da diese Nachfrageschwankungen sehr extrem sein können und nicht immer vorhersehbar sind. Darum müssen für diese Extrembedingungen Konzepte entwickelt werden, die unterschiedliche Szenarien darstellen, wie diese Über- oder Unterforderung der Ressourcen ausgeglichen werden können. Solche Konzepte können sich entweder auf die Beeinflussung der Nachfrage oder des Angebots konzentrieren.[4]

Um die Kapazität der Dienstleistung, also der Angebotsseite, anzupassen können verschiedene Methoden angewandt werden, welche im Zusammenhang z.B. im Pflegebereich eines Krankenhauses auf ihre Nützlichkeit geprüft werden.

Die Anstellung von Teilzeitkräften ist eine mögliche Variante. Das durchschnittliche Angebotsniveau wird durch einen festen Mitarbeiterstamm gesichert, während die Teilzeitkräfte dann in Einsatz kommen, wenn der Mitarbeiterstamm eine zusätzliche Nachfrage nicht mehr bewältigen kann.[5] Das mag allerdings nur in Branchen nützlich sein, in denen die Spitzenzeiten vorhersehbar sind. Ein Restaurant weiß zum Beispiel, dass ab 18 Uhr eine erhöhte Nachfrage besteht und kann sich darauf einstellen. In einem Krankenhaus ist diese Methode allerdings ungeeignet. In einer Notaufnahme kommen Patienten aufgrund einer akuten Erkrankung und bedürfen einer sofortigen

---

[3] Vgl. Haller, S. (2010), S. 222
[4] Vgl. Sibbel, R. (2004), S. 49
[5] Vgl. Haller, S. (2010), S. 228

Behandlung. Die Zahl der Einweisungen kann hier stündlich stark schwanken, sodass Vorhersagen unmöglich sind. Kommen plötzlich viele Notfälle in die Notaufnahme herrscht ein großer Bedarf an Personal. Bis aber entschieden worden ist, dass zusätzliche Arbeitskräfte benötigt werden, diese informiert worden sind und einsatzbereit vor Ort sind, vergeht viel Zeit, sodass Patienten sich auf lange Wartezeiten einstellen müssen und eine Akutversorgung nicht mehr gewährleistet werden kann.

Des Weiteren ist es möglich Serviceprozesse in Spitzenzeiten auf die notwendigsten Tätigkeiten zu beschränken. Weniger wichtige Tätigkeiten bleiben zunächst unberücksichtigt und werden in nachfrageschwachen Zeiten durchgeführt.[6] Diese Vorgehensweise ist im Gesundheitswesen durchaus üblich. Herrscht auf einer Krankenhausstation ein hoher Pflegebedarf, können Nebentätigkeiten auf das Nötigste reduziert werden. Medizinische Anordnungen, Erstversorgung von Neuzugängen und pflegerische Tätigkeiten sind unerlässlich, während Putzarbeiten, Dokumentation und Vorbereitungen zu einem späteren Zeitpunkt nachgeholt werden können.

Außerdem gibt es die Möglichkeit Servicetätigkeiten auf Selbstbedienung umzustellen. Der Kunde wird im Erstellungsprozess eingebunden, indem er einen Teil selbst übernimmt. Das entlastet den Dienstleister und schaltet Kapazitäten frei.[7] Im Gesundheitswesen wird dies des Öfteren angewandt. In Krankenhäusern werden, nicht selten, auf einigen Stationen Büffets in Gemeinschaftsräumen aufgestellt, an denen der selbstversorgende Patient sich bedienen kann. Auf einer Station für Neugeborene werden die Eltern aktiv in die Pflege ihrer Kinder mit einbezogen. Das bringt nicht nur zusätzliche Kapazitäten, sondern wird auch vom Leistungsempfänger positiv empfunden. So werden durch Büffets die Mobilität und Kommunikation der Patienten gefördert bzw. die Eltern bekommen, durch die Unterstützung einer Fachkraft, Sicherheit im Umgang mit ihrem Neugeborenen.

Zusätzlich können Kooperationspartner einbezogen werden, um die Nachfrage zu bewältigen.[8] So kann zum Beispiel ein Unternehmen für Krankentransporte durch ein

---

[6] Vgl. Lovelock, C.H. (1984), S.
[7] Vgl. Merk, J., Schwekendiek, M. (2014), S. 49
[8] Vgl. Haller, S. (2010), S. 228

Taxiunternehmen unterstützt werden. Allerdings sind Kooperationspartner im Gesundheitswesen eher ungewöhnlich. Das liegt zum einen an den individuellen Leistungen, die z.B. unterschiedliche Krankheitsbilder beanspruchen, und zum anderen daran, dass personenbezogener Daten aus Datenschutzgründen nicht an Kooperationspartner weitergegeben werden dürfen. Möglich ist aber die unternehmensinterne Kooperation von z.B. unterschiedlichen Fachbereichen in einem Krankenhaus. Ist die Kapazität auf der Mund-Kiefer-Gesichtschirurgie (MKG) voll ausgelastet, so kann die Station beispielsweise mit der Neurochirurgie kooperieren und dort Betten belegen. Die Patienten werden dort vom Schwesternteam der Neurochirurgie gepflegt, die Behandlung erfolgt aber weiterhin von den MKG-Ärzten.

Eine letzte Variante der angebotsseitigen Beeinflussung sind Arbeitsverträge mit flexibler Arbeitszeitaufteilung. Diese Verträge weichen vom üblichen 8-Stunden-Tag ab und ermöglichen dem Dienstleister, in nachfragestarken Zeiten, vermehrt Kapazitäten zur Verfügung zu stellen. Der Stundenausgleich erfolgt in nachfrageschwachen Zeiten.[9] Im Gesundheitswesen sind solche Verträge nahezu unmöglich, da zum einen eine kontinuierliche Versorgung gewährleistet werden muss, sodass Personal selten Stunden abarbeiten kann und zum anderen, weil im Gesundheitsbereich meist akute und unregelmäßige Spitzenzeiten entstehen.

Für die Beeinflussung der Nachfrageseite stehen folgende Mittel zur Verfügung:

Die wohl wichtigste Methode ist die Preisdifferenzierung. Für gleiche Leistungen werden zu unterschiedlichen Zeiten differenzierte Preise berechnet. Somit werden Dienstleistungen in nachfrageschwachen Zeiten durch günstigere Preise attraktiver und umgekehrt sorgen hohe Preise in nachfragestarken Zeiten für einen Nachfragerückgang.[10] Durchaus eine effektive Methode, wenn man sich im Bereich der Gastronomie oder Hotellerie umsieht, für das Sozial- und Gesundheitswesen allerdings ungeeignet. Wie schon erwähnt existieren im Gesundheitswesen überwiegend akute und unregelmäßige Spitzenzeiten, sodass eine Lenkung durch den Preis kaum möglich ist. Zudem laufen die Kosten für Leistungen überwiegend über Krankenkassen, sodass der Kunde mit diesen nicht konfrontiert wird. Allerdings kann

---

[9] Vgl. Lovelock, C.H. (1984), S. 330 ff.
[10] Vgl. Corsten, H., Gössinger, R. (2015), S. 314

eine Preispolitik, die auf eine bestimmte Zielgruppe ausgerichtet ist, die Nachfrage beeinflussen. So hält der überdurchschnittliche Preis einer Kindertagesstädte Familien mit geringem Einkommen fern.

Des Weiteren kann man die Nachfrage steigern, indem zusätzliche Leistungen angeboten werden.[11] Im Bereich des Sozial- und Gesundheitswesens ist dies eine effektive Methode um die Nachfrage zu steigern. Beispielsweise kann ein Krankenhaus eine Hotelstation anbieten oder öffentliche Vorträge zu Krankheitsbildern halten. Ein Pflegeheim kann eine eigene Physiotherapie betreiben oder in einer Kindertagesstätte werden erste Fremdsprachenkenntnisse vermittelt.

Durch komplementäre Leistungen kann die Wartezeit von Kunden angenehmer gestaltet werden.[12] Im Wartebereich einer Notaufnahme kann das Angebot von Getränken, Zeitschriften oder einem Fernseher die Wartezeit angenehmer gestalten, die vorstationäre Aufnahme kann den Stress am Aufnahmetag zur stationären Behandlung reduzieren und das Anmelden von Patienten für einen Rehabilitationsplatz bei der Aufnahme führt zu einer kürzeren Wartezeit auf eine Anschlussheilbehandlung.

Zuletzt gibt es Reservierungssysteme, die im Sozial- und Gesundheitssystem sogar teilweise unerlässlich sind. Solche Reservierungssysteme ermöglichen es dem Anbieter, die Nachfrage frühzeitig zu erkennen und ggf. umzuleiten. Das vermeidet lange Warteschlangen.[13] So müssen Eltern bereits während der Schwangerschaft ihr Kind in einer Kindertagesstätte anmelden, um überhaupt die Chance auf einen Platz zu bekommen. Ähnliches gilt für Pflegeheime: Die Wartezeiten sind lang, sodass eine frühzeitige Reservierung unerlässlich ist. In Arztpraxen werden Termine vergeben, um möglichst keinen Leerlauf zu haben ebenso wie in Krankenhäusern, wo Patienten aufgenommen werden, um geplante Operationen oder Untersuchungen durchzuführen. Die Wartezeiten der Kunden werden bei diesem System allerdings selten minimiert, dafür sorgt es aber für eine Planungssicherheit bei den Dienstleistern.

[11] Vgl. Haller, S. (2010), S. 227
[12] Vgl. Haller, S. (2010), S. 227
[13] Vgl. Haller, S. (2010), S. 227

Da die Möglichkeiten sehr vielfältig sind, muss sich ein Unternehmen bei der Beeinflussung der Angebots- und Nachfrageseite kreativ und flexibel zeigen, um ein komplexes und möglichst wirkungsvolles System zu entwickeln. Um dies zu erreichen ist es für ein erfolgreiches Unternehmen notwendig, von beiden Ansätzen Gebrauch zu machen und zu kombinieren.

B2: Die Kommunikationspolitik im Dienstleistungsunternehmen

Ein erfolgreiches Dienstleistungsunternehmen wird durch ein ausgeklügeltes Konzept, umfangreiche Kompetenzen und einer hervorragenden Qualität bestimmt, wird aber erst durch seine Kunden rentabel. Um Kunden von einem positiven Firmenimage zu überzeugen und diese für sich zu gewinnen und anschließend zu binden oder zurückzugewinnen, bedarf es spezieller Marketingstrategien. In diesem Rahmen ist die Kommunikationspolitik besonders hervorzuheben. Sie fasst alle Maßnahmen zusammen, die „ein Unternehmen ergreift, um Informationen zu vermitteln, die Wissen, Erwartungen und Verhalten einer Zielgruppe beeinflussen. Es stehen dazu verschiedene Instrumente zur Verfügung, deren Kombination [...] sich nach den Zielen und Möglichkeiten des Unternehmens richtet."[14]

Die Kommunikationspolitik steht bei Dienstleistungsunternehmen einer besonderen Herausforderung gegenüber, was am besonderen Charakter von Dienstleistungen liegt.

Von Dienstleistungen wird eine kontinuierliche Leistungsfähigkeit erwartet. Die Herausforderung, diese dem Kunden zu vermitteln liegt darin, dass ein Dienstleistungsanbieter keine materiellen Endprodukte hervorbringt, an denen der Kunde Kompetenzen und Qualität ausmachen kann. Somit muss sich das Management von Dienstleistungen am Erstellungspotenzial orientieren. Dabei ist es Aufgabe der Kommunikationspolitik die Leistungsfähigkeit, in Form von z.B. besonderes Know-how, soziale Kompetenzen oder eingesetzte Technologien, für den Kunden greifbar zu machen und Unsicherheiten bei der Inanspruchnahme von Dienstleistungen zu minimieren. So können Dienstleistungskompetenzen dokumentiert werden, indem erfolgreiche Teilnahmen an Weiterbildungen oder der Einsatz neuester Technik publik gemacht werden[15]

Eine weitere Herausforderung ist die Integration des externen Faktors in den Dienstleistungserstellungsprozess. Ein Dienstleister verrichtet seine Arbeit immer an Menschen oder Objekten (der Automechaniker repariert das Auto, der

---

[14] Betriebswirtschaft-lernen
[15] Vgl. Meffert, H., Bruhn, M. (2009), S. 281

Versicherungsmakler berät den Kunden), die sich außerhalb des Verfügungsbereichs des Dienstleistungsanbieters befinden, weshalb sie externe Faktoren genannt werden. Der externe Faktor ist bei der Leistungserstellung unverzichtbar und das Ergebnis ist mitunter von diesem abhängig. So kann am Kraftfahrzeug eine Routinereparatur erforderlich sein oder ein komplizierter Motorschaden muss behoben werden. Da der externe Faktor sehr individuell ausfallen kann, sodass eine Standardisierung in der Dienstleistungserstellung selten möglich ist, bezieht sich die Kommunikationspolitik auf unternehmensinterne Faktoren, wie z.B. die räumliche Gestaltung eines Kreissaales. Ausnahmen sind dennoch möglich. So kann sich ein Dienstleistungsunternehmen auf prominente Kundschaft berufen. Die Kommunikationspolitik kann aber auch während der Leistungserstellung aktiv werden. So kann ein Kunde über eventuell eintretende Probleme während der Autoreparatur aufgeklärt werden.[16]

Zuletzt birgt die Immaterialität von Dienstleistungen für die Kommunikationspolitik eine besondere Herausforderung. Wie bereits vorher erwähnt ist eine Dienstleistung vor und nach ihrer Erstellung weder sicht- noch greifbar. Es ändert sich lediglich der Zustand des externen Faktors. Da diese immateriellen Leistungen meist komplex und schwer erklärbar sind, muss die Kommunikationspolitik diese zumindest teilweise für den Kunden sichtbar machen. Möglich wird dies durch erfassbare Elemente wie Vorher-Nachher-Vergleiche am Auto oder greifbare Leistungselemente wie eingesetzte Materialien.[17]

Aus der Immaterialität lässt sich ableiten, dass eine Dienstleistung nicht lager- oder transportfähig ist. Nichtlagerfähig bedeutet, dass die Leistung nicht vorproduziert werden kann und eine Leistung nur während der Erstellung in Anspruch genommen werden kann. Auf Grund dessen muss die Kommunikationspolitik die Nachfrage durch bestimmte Maßnahmen unterstützen. Dazu können Maßnahmen zur Kapazitätsaufteilung (z.B. Terminvergaben) oder Cross-Selling-Potenziale (z.B. bei der Reparatur des Autos auf einen Ölwechsel hinweisen) genutzt werden.[18]

---

[16] Vgl. Scheuch, F. (2002), S. 121 ff.
[17] Vgl. Bruhn, M. (2009), S. 35
[18] Vgl. Frietzsche, U. (2001), S. 131 ff.

Bei der Nichttransportfähigkeit verhält es sich so, dass der interne und externe Produktionsfaktor zwangsläufig aufeinandertreffen müssen. Der Arzt kann zwar einen Hausbesuch abstatten, dabei wird aber lediglich das Leistungspotenzial transportiert, die Behandlung selbst kann dem Patienten nicht zugeschickt werden. Daher ist die Kommunikationspolitik dafür verantwortlich, dem Kunden die Bedingungen, wie Ort, Zeitpunkt der Erstellung usw., für die Leistungserstellung zu vermitteln, insbesondere, wenn zwischen Leistungsanbieter und Kunde eine große räumliche Distanz liegt.[19]

Wie die, auf eine Zielgruppe abgestimmte, Kommunikationspolitik bei Dienstleistungen aussehen kann, wird anhand einer physiotherapeutischen Praxis (PT) verdeutlicht. Bevor allerdings kommunikationspolitische Maßnahmen getroffen werden können, müssen die Zielgruppen bestimmt werden. Darauf erfolgt das Festlegen der kommunikationspolitischen Ziele und Maßnahmen zur Erreichung der Ziele.

Die Zielgruppe einer PT ist breit gefächert: Alter, Geschlecht, Einkommen, Krankheitsbilder etc. können sehr unterschiedlich sein. Eines haben die Zielgruppen allerdings gemeinsam: Aufgrund einer Krankheit bedürfen sie der Wiederherstellung der Bewegungs- und Funktionsfähigkeiten ihres Körpers.

Die Ziele der Kommunikationspolitik sind zum einem ökonomisch als auch psychologisch ausgerichtet. Da ökonomische Zielsetzungen wie Gewinnmaximierung und Kostenersparnis jedoch nicht eindeutig den kommunikativen Maßnahmen zuzuordnen sind, liegt das Augenmerk auf den psychologischen Kommunikationszielen.[20] Diese lassen sich in drei Teilbereiche gliedern.

- Die kognitiven Kommunikationsziele
- Die affektiven Kommunikationsziele
- Die konativen Kommunikationsziele

Die kognitiven Kommunikationsziele dienen der Bekanntmachung der PT. Die Praxis möchte, dass der Kunde die jeweilige Dienstleistung nicht nur kennt, sondern ebenso über deren Qualität, Leistungen und Innovation informiert wird. Ziel ist somit die

---

[19] Vgl. Meffert, H., Bruhn, M. (2009), S. 282
[20] Vgl. Meffert, H., Bruhn, M. (2009), S. 286

Erkenntnis. Die Kommunikationspolitik hat zur Aufgabe, den Kunden mittels seines Wissens über leistungsspezifische Charakteristika und folglich der Dienstleistungsqualität positiv zu beeinflussen. Zudem soll die Aufmerksamkeit auf das Unternehmen und dessen Leistungen gelenkt werden, sodass der Kunde diese Informationen im Gedächtnis abspeichert.[21] Aufklärungen der Physiotherapie über angewandte Methoden, die dem neuesten Wissenstand entsprechen und vorhandene Übungsgeräte können den Informationsstand des potenziellen Kunden verbessern. Dass die Praxis z.b. einen eigenen Transportdienst für Kunden mit eingeschränkter Mobilität hat, verstärkt das Interesse der Kunden. Die Folge ist, dass potenzielle Kunden Informationen über die Leistungen der Praxis einholen. Die Zusatzleistungen und das Wissen über die Behandlungsmöglichkeiten beeinflussen den Kunden positiv. Um die Bekanntheit und das Vertrauen der Öffentlichkeit zu steigern eigenen sich Instrumente der Unternehmenskommunikation. Sie dienen der Prägung des institutionellen Erscheinungsbildes der Physiotherapie, indem Vertrauen und Glaubwürdigkeit aufgebaut und Kompetenzen demonstriert werden. Die Unternehmenskommunikation bedient sich dabei der Öffentlichkeitsarbeit (Public Relations), dem Sponsoring oder der institutionellen Mediawerbung.[22] So kann die Praxis aktiv Öffentlichkeitsarbeiten verrichten, indem sie z.B. eine Suppenküche unterstützt. Des Weiteren kann sie mit Spenden eine Gesamtorganisation, wie „SOS Kinderdorf" (Corporate Sponsoring), oder eine Dienstleistung, wie die Impfung von Kindern in den Kinderdörfern (Product Sponsoring) unterstützen. Die Bekanntgabe solchen Einsatzes steigert das Vertrauen der Öffentlichkeit und hebt die Glaubwürdigkeit der Praxis. Durch institutionelle Mediawerbung soll das Image der Physiotherapie vermittelt werden. Dies kann durch einen Zeitungsartikel erfolgen, indem soziales Engagement, Leistungen und Kompetenzen aufgegriffen werden. Über solch einen Zeitungsartikel kann zudem die regionale Öffentlichkeit auf die Praxis aufmerksam gemacht werden.

Des Weiteren gibt es affektive Kommunikationsziele, welche eine emotionale Bindung an die Dienstleistung anstreben. Mit der Werbung der PT sollen bestimmte Gefühle ausgelöst werden. Zudem sollen Interesse und Emotionen in Verbindung mit der Praxis hervorgerufen werde und das Image soll in einem positiven Licht gerückt

---

[21] Vgl. Koter, P., Bliemel, F. (2006) S. 891
[22] Vgl. Kramer, J. W., Neumann-Szyska, J. (2010), S.157

werden.[23] Durch das Anbieten von Schnupperstunden kann sich der Kunde selbst von der Qualifikation überzeugen und Kompetenzen aus erster Hand erleben. Gleichzeitig werden die einladend gestalteten Räumlichkeiten und das freundliche Personal vorgestellt. Eine ruhige, ausgeglichene Arbeitsatmosphäre rundet das Bild ab. Die Folge: Kunden setzen Wohlbehagen und Empathie mit dem Dienstleistungsunternehmen in Verbindung. Voraussetzung für eine solche Beeinflussung durch die Kommunikationspolitik sind die Glaubwürdigkeit der PT und das Vertrauen der Kunden.

Erreicht werden kann dies durch den Einsatz von Dialogkommunikation, welche dem Aufbau und der Intensivierung der Kundenakquise, der Kundenbindung und -rückgewinnung dient.[24] An erster Stelle steht hier die persönliche Kommunikation mit (potenziellen) Kunden. Durch das persönliche Auftreten gegenüber dem Kunden, kann dieser das Personal erstmals kennenlernen. Mit höflichen Umgangsformen und kompetenter Beratung kann die Praxis individuell auf den Kunden eingehen.

Eine weitere Möglichkeit sind Messen und Ausstellungen, um die eigenen Leistungen und Informationen der Öffentlichkeit zu präsentieren. So kann eine Praxis anhand ihrer Übungsgeräte veranschaulichen, über welche Fachkenntnisse und Leistungen sie verfügt. Zusätzlich wirkt ein direkter Kontakt zu der Öffentlichkeit hergestellt. Die Dienstleistung wird für den Kunden somit greifbarer, was das Kaufrisiko für die Kunden senkt.

Social Media-Kommunikationen basieren auf Online-Plattformen wie z.B. Facebook oder Instagram.[25] Diese Form der Dialogkommunikation ist besonders für die Erreichbarkeit der jungen Generation interessant, da diese stark von sozialen Medien geprägt ist. Mit Social Media-Kommunikation werden unternehmenseigene Inhalte verbreitet, aber auch die Meinung der Konsumenten werden für alle sichtbar gemacht. So kann eine PT über Facebook die Öffentlichkeit über neue Errungenschaften oder erfolgreich abgeschlossene Weiterbildungen informieren, während die Öffentlichkeit zusätzlich positive (aber auch negative) Kommentare von Konsumenten einsehen kann.

Zuletzt gibt es die konativen Kommunikationsziele. Sie sollen den (potentiellen) Kunden zu einer Reaktion bewegen. Solche Reaktionen können unterschiedlicher

---

[23] Vgl. Meffert, H., Bruhn, M. (2009), S. 287
[24] Vgl. Mann, A. (2004), S. 21
[25] Vgl. Meffert, H., Bruhn, M. (2009), S. 296

Natur sein: eine Kaufabsicht, eine Beschwerde, eine Weiterempfehlung oder ähnliches. Zudem dienen diese Ziele dazu, den Kunden dazu zu animieren, Informationen über das Unternehmen einzuholen.[26] Die Physiotherapie beabsichtigt, dass der Kunde sich aktiv mit ihren Leistungen und Qualifikationen auseinandersetzt. Darauf aufbauend versucht sie mittels der Kommunikationspolitik den Kunden zur Inanspruchnahme der Leistungen zu bewegen oder zu Bewerten, um das Unternehmen weiter verbessern zu können.

Zur Umsetzung der konativen Ziele werden Maßnahmen der Marketingkommunikation eingesetzt. Sie ist darauf ausgerichtet, Produkte und Dienstleistungen zu Verkaufen und somit ökonomische Ziele zu verwirklichen. Zudem sollen Informationsasymmetrien zwischen Leistungsanbieter und -nehmer abgebaut werden.[27]

Dazu dient die klassische Mediawerbung, die in Form von Print-, Fernseh-, Radio-, Plakat- und Online-Werbung auftreten kann. Die PT kann beispielsweise eine Anzeige in der Zeitung aufgeben, mit Informationen über die Leistungen der Praxis. Im Idealfall werden möglichst viele Personen auf diese Anzeige aufmerksam und nehmen die Leistung in Anspruch. Ziel ist es den Absatz zu fördern.

Eine zweite Variante ist die Verkaufsförderung, welche Kommunikations-, Preis-, Vertriebs- und Leistungspolitik kombiniert. Der Zweck der Verkaufsförderung ist es, zusätzliche Kaufanreize zu bieten. So kann die PT z.B. zum Training Getränke anbieten, jede zehnte Behandlung gratis anbieten oder kleine, günstige Übungsgeräte wie Hanteln dem Kunden bei Beginn einer Behandlung schenken.

Auch das oben genannte Sponsoring bekommt hier eine Relevanz. So kann eine Physiotherapie Sportgeräte zum Verkauf anbieten und damit werben, dass 5% des Gewinns in eine Nonprofit-Organisation fließt.[28]

---

[26] Vgl. Bruhn, M. (2010), S. 75
[27] Bruhn, M. (2009), S. 785
[28] Vgl. Meffert, H., Bruhn, M. (2009), S. 292

B3 Die Service Dominant Logic

In vergangener Zeit konzentrierte sich Marketing überwiegend auf den Verkauf von Gütern, während Dienstleistungsmarketing nur als ein kleiner Teilbereich des allgemeinen Marketings verstanden wurde. Gründe dafür waren, dass Dienstleistungen zum einen, keine materiellen Güter sind und zum anderen meist nur als zusätzliche Leistung beim Kauf einer Ware angeboten wurden.

Erst im Jahr 2004 kam mit der Service Dominant Logic – entwickelt von Vargo und Lusch – eine neue Denkweise ins Rollen. Dienstleistungen sollten beim Marketing mehr Beachtung erhalten und an Stelle des allgemeinen Marketings rücken. [29]

Eine Grundannahme des Service Dominant Logic (SDL) ist, dass Fähigkeiten und Wissen die Basiseinheiten von Austauschprozessen sind und nicht physische Güter. Die eigentlichen Austauschprozesse sind allerdings nicht immer direkt beobachtbar, da Geld, Güter und Organisationen nur als Austauschmedien fungieren. Der eigentliche Austausch besteht zwischen Dienstleistung und Nutzen für den Kunden. Somit verbirgt sich der eigentliche Austauschprozess hinter indirekten Austauschformen.

Zudem sind Vargo und Lusch der Auffassung, dass Güter nur Distributionsmechanismen für die Bereitstellung von Dienstleistungen sind. Begründet wird dies mit der Erklärung, dass physische Güter lediglich Fähigkeiten und Wissen verkörpern und nur ein Mittel sind um Dienstleistungen bereitzustellen. Daraus lässt sich ebenso schlussfolgern, dass jede Wirtschaftätigkeit eine Dienstleistungserstellung ist, da jeder Austausch auf spezielle Fähigkeiten und Wissen basiert. Wissen wird zudem als grundlegend für Wettbewerbsvorteile erachtet, da es für die Wertsteigerung anderer Ressourcen eingesetzt werden kann.

Die Service Dominant Logic versteht jede Transaktion als Dienstleistungstransaktion, was bedeutet, dass der Kunde immer Teil der Leistungserstellung ist, denn ohne seinen Kauf entsteht kein Bedarf an Gütern. Der Kunde wird somit zum Co-Produzenten und da dieser den Wert einer Leistung festlegt, muss das Marketing mit dem Co-Produzenten ein Wertangebot entwickeln. Das Unternehmen gibt lediglich das Wertangebot ab.

Zuletzt ist zu sagen, dass eine servicezentrierte Perspektive immer kundenorientiert ist, denn im Mittelpunkt eines Unternehmens steht der Kunde und die Integration,

---

[29] Vgl. Vargo, S.L., Lusch, R.F. (2004) S. 2

während Kundenorientierung und Co-Produktion die Beziehung des Kunden zum Unternehmen bestimmen.[30]

Die daraus resultierenden Konsequenzen für ein Dienstleistungsunternehmen sollen anhand einer Fluggesellschaft erläutert werden.

Ausgehend von den Prämissen, ist Marketing nicht nur eine weitere Funktion des Unternehmens, sondern stellt die Kernkompetenzen und die Unternehmensphilosophie dar. Die Aufgabe des Marketings ist es, diese Kernkompetenzen auf die Marktorientierung hin zu prüfen und diese weiterzuentwickeln. Zudem ist es dafür verantwortlich, alle Kompetenzen zu koordinieren. Des Weiteren müssen andere Einheiten – die potenziellen Kunden, die von diesen Kernkompetenzen profitieren – identifiziert werden um auf diese Wertangebote abgestimmt werden zu können.[31]

Eine wichtige Voraussetzung für die Entwicklung der Wertangebote, ist ein Verständnis für die Wertschöpfungsprozesse der Kunden. Dies kann durch qualitative Marktforschungsmethoden, wie z.B. ethnographische Untersuchungen, Gruppendiskussionen oder projektiver Techniken, erlangt werden.[32] Zusätzlich können potenzielle Kunden mit ihrem Wissen in den Forschungs- und Entwicklungsprozess einbezogen werden, um neue Erkenntnisse zu gewinnen.[33] Im Vordergrund steht die Pflege der Kundenbeziehung. Darauf aufbauend kann dann ein Wertangebot formuliert werden.

Das darauffolgende Wertangebot lässt sich in primäre, sekundäre und tertiäre Wertangebote unterscheiden. Das primäre Wertangebot enthält die Kernleistung, also den Personentransport von A nach B, sowie die damit unmittelbar verknüpften Zusatzleistungen, in dem Fall der Versicherungsschutz für Personen- oder Sachschäden. Das sekundäre Wertangebot dient dazu, sich von der Konkurrenz abzuheben, indem geräumige Sitzreihen und schnelle Beförderungszeiten angeboten werden. Tertiäre Wertangebote legen Ihren Fokus auf Zusatzleistungen, wie

---

[30] Vgl. Drengner, J. (2013), S. 18-19
[31] Vgl. Meffert, H., Bruhn, M. (2009), S. 82
[32] Vgl. Arnould, E.J., Thompson, C.J. (2005), S. 868-882
[33] Edvardsson, B., Tronvoll, B., Gruber, T. (2011), 327-339

kostenlose Mahlzeiten und Getränke während des Flugs oder ein Entertainmentprogramm. Das bereitgestellt Angebot soll auf die anvisierten Zielgruppen positiv wirken und deren Bedürfnisse befriedigen, sodass es zur Honorierung und Weiterempfehlung kommt. Somit liegt der Fokus des Unternehmens nicht auf der eigenen Leistungsproduktion, sondern auf der Unterstützung des Wertschöpfungsprozesses der Kunden. Folglich wird der Wert der Leistung durch den Kunden bestimmt.[34]

Die Fluggesellschaft legt ihren Fokus auf solch individualisierten Serviceleistungen. Durch die Anwendung spezifischer Fähigkeiten und Wissen, den operanten Ressourcen, können diese realisiert werden, wohingegen operande Ressourcen – Rohstoffe, Materialien, Maschinen, etc. – nur das Mittel zum Zweck sind. So können mittels technischen Know-Hows besonders gut ausbalancierte Flugzeuge gebaut werden, sodass Turbulenzen weniger stark wahrgenommen werden oder ein ausgeklügeltes Belüftungssystem um die Frischluftzufuhr zu optimieren. Diese operanten Ressourcen sind die fundamentale Quelle von Wettbewerbsvorteilen.[35]
Zudem wird der Markt nicht mehr nur über den Output definiert, sondern über die Bereitstellung individueller Services. Die Fluggesellschaft muss demnach umdenken: Möglichst viele Kunden auf engen Raum zu transportieren ist nicht mehr das Ziel, sondern das Angebot zu individuelleren Lösungen. So entstand die Business Class mit mehr Serviceleistungen und Komfort und das Rail & Fly Ticket, um stressfrei und bequem mit dem Zug zum Flughafen zu gelangen. Ökonomische Erfolgsgrößen wie Umsatz und Cashflow sind ein Zeichen für die Wertschätzung des angebotenen Service durch die Kunden und nicht mehr nur ein Merkmal für Profitmaximierung.[36]

Der servicezentrierte Ansatz wird im Dienstleistungsmarketing allerdings auch kritisch betrachtet. Die SDL zeigt sich als sehr innovativ, was allerdings daran liegt, dass das traditionelle Marketing verzerrt dargestellt wird. So kam die Idee, dass Austauschprozesse den Nutzen aus speziellen Fähigkeiten und Wissen ziehen, nicht erst mit der SDL. Bereits im traditionellen Marketing ist man der Auffassung, dass die Bedeutung physischer Güter nicht im Eigentum, sondern im Nutzen für die Bedürfnisbefriedigung liegt, somit sind selbst physische Güter nur ein Mittel zur

[34] Vgl. Drengner, J. (2012), S. 11
[35] Vgl. Vargo, S.L., Lusch, R.F. (2004) S. 9
[36] Vgl. Drengner, J. (2012), S. 14

Erbringung einer Dienstleistung.[37] Genauso wenig neu ist die Erkenntnis, dass Kunden den Wert von Marktangeboten wahrnehmen und bestimmen, denn der Wert wird im traditionellen Marketing als monetäres Äquivalent des Nettonutzens für den Kunden verstanden, womit der Kunde den Wert festlegt.

Zudem sind die Merkmale der SDL – die Identifikation potenzieller Kunden und das Bemühen um Feedback zur Verbesserung des Angebotes und des finanzwirtschaftlichen Unternehmensergebnisses – auch Bestandteile des traditionellen Marketings. So wird der Innovationsgrad der neuen Marketinglogik doch als recht begrenzt erachtet. Das zeigt sich auch daran, dass Vargo und Lusch auf den Feedback-Charakter von rein ökonomischen Kennziffern bauen, auch zu Lasten von nicht-ökonomischen Kennziffern, womit sie einen Schritt zurück machen und hinter dem Wissensstand des traditionellen Marketings liegen.

Was aber als innovativ erachtet werden kann, ist die Übertragung der Identifikation und Entwicklung der unternehmerischen Kernkompetenzen auf das Marketing, da dies einen Bezug auf den ressourcentheoretischen Ansatz der strategischen Planung andeutet, welcher bisher Defizite aufweist.[38] Da dies aber nicht auf theoretischen Fundierungen beruht, wird hinterfragt, ob das Marketing in der Praxis in der Lage ist alle Kernkompetenzen zu übernehmen.[39]

Zu würdigen ist auch die Tatsache, dass – in Bezug auf den Kunden – das Konzept des Beziehungsmarketings und die neue Logik große Übereinstimmungen zeigen. Vergleicht man die Charakterisierung des Beziehungsmarketings von Hermann Diller in seinem Beitrag „Entwicklungspfade des Marketing-Management" mit den Prinzipien der SDL von Vargo und Lusch und lässt dabei den Dienstleistungsbezug außer Acht, so erscheinen die beiden Konzepte nahezu identisch.

Obwohl die SDL in der Kritik steht, werden weiterhin Versuche gestartet, um das Konzept in die Praxis zu transferieren. Sie befasst sich mit aktuellen Defiziten im dienstleistungsorientierten Marketing und sollte daher nicht unterschätzt, sondern weiterentwickelt werden.

---

[37] Vgl. Kotler, P., Bliemel, F. (1999), S. 9 ff.
[38] Vgl. Stauss, B. (2005), S 485 ff.
[39] Vgl. Meffert, H., Bruhn, M. (2009), S. 83

Literaturverzeichnis

Arnould, E., & Thompson, C. (2005). Consumer Culture Theory (CCT) - Twenty Years of Research. *Journal of Consumer Research, 31*(4), S. 868-882.

Bruhn, M. (2009). *Relationship Marketing, Das Management von Kundenbeziehungen.* München: Vahlen.

Bruhn, M. (2010). *Marketing.* Wiesbaden: Springer Gabler.

Corsten, H., & Gössinger, R. (2015). *Dienstleistungsmanagement.* Berlin: de Gruyter.

Drengner, J. (2013). *Markenkommunikation mit Sport.* Wiesbaden: Springer.

Edvardsson, B., Tronvoll, B., & Gruber, T. (2011). Expanding Understanding of Service Exchange and Value Co-Creation - A Social Construction Approach. *Journal of the Academy of Marketing Science, 39*(2), S. 327-339.

Evanschitzky, H. (2003). *Erfolg von Dienstleistungsnetzwerken.* Münster: Deutscher Universitäts-Verlag.

Frietzsche, U. (2001). *Externe Faktren in der Dienstleistungsproduktion. Ansätze zur Lösung von Erfassungs- und Bewertungsproblemen.* Wiesbaden: Deutscher Universitätsverlag.

Haller, S. (2010). *Dienstleistungsmanagement: Grundlagen - Konzepte - Instrumente.* Wiesbaden: Gabler.

Instrumente der Kommunikationspolitik. (kein Datum). Abgerufen am 31. 05 2018 von Betriebswirtschaft-lernen: http://www.betriebswirtschaft-lernen.net/erklaerung/instrumente-der-kommunikationspolitik/

Kotler, P., & Bliemel, F. (1999). *Marketing-Management.* Stuttgard.

Kotler, P., & Bliemel, F. (2006). *Marketing-Management.* Stuttgard: Pearson.

Kramer, J., & Neumann-Szyszka, J. (2010). *Neue Entwicklungslinien im Dienstleistungsmarketing.* Bremen: Europäischer Hochschulverlag GmbH & Co. KG.

Lovelock, C. (1984). *Services Marketing.* Englewood Clifft: Prentice Hall.

Maleri, R., & Frietzsche, U. (2008). *Grundlagen der Dienstleistungsproduktion.* Berlin Heidelberg: Springer-Verlag.

Mann, A. (2004). *Dialogmarketing.* Wiesbaden: Deutscher Universitätsverlag.

Meffert, H., & Bruhn, M. (2009). *Dienstleistungsmarketing.* Wiesbaden: Gabler.

Merk, J., & Schwekendiek, M. (2014). *Dienstleistungsmanagement.* Riedlingen: SRH Riedlingen.

Prof. Dr. Haller, S. (2012). *Dienstleistungsmanagement: Grundlagen - Instrumente -
Konzepte.* Berlin: Springer Gabler.

Sibbel, R. (2004). *Produktion integrativer Dienstleistungen: Kapazitätsplanung und
Organisationsgestaltung am Beispiel von Krankenhäusern .* Wiesbaden :
Deutscher Universitäts-Verlag.

Stauss, B. (2005). Dienstleistungsmarketing als Innovator des
Marketingverständnisses? Eine kritische Auseinandersetzung mit dem Ansatz
von Vargo/Lusch. In A. Haas, & B. S. Ivens, *Innovatives Marketing:
Entscheidungsfelder - Management - Instrumente* (S. 479-500). Wiesbaden:
Springer Fachmedien.

Vargo, S., & Lusch, R. (2004). Evoluting to a New Dominant Logic for Marketing.
Journal of Marketing, 68(1), S. 9.